BEI GRIN MACHT SICH IHR WISSEN BEZAHLT

AF148365

- Wir veröffentlichen Ihre Hausarbeit, Bachelor- und Masterarbeit

- Ihr eigenes eBook und Buch - weltweit in allen wichtigen Shops

- Verdienen Sie an jedem Verkauf

Jetzt bei www.GRIN.com hochladen und kostenlos publizieren

Alexander Hörr

Rupert Murdoch. Leben, Motive und Handlungsweisen

GRIN Verlag

Bibliografische Information der Deutschen Nationalbibliothek:

Die Deutsche Bibliothek verzeichnet diese Publikation in der Deutschen National-
bibliografie; detaillierte bibliografische Daten sind im Internet über http://dnb.d-
nb.de/ abrufbar.

Impressum:

Copyright © 2001 GRIN Verlag GmbH
Druck und Bindung: Books on Demand GmbH, Norderstedt Germany
ISBN: 978-3-656-44757-3

Dieses Buch bei GRIN:

http://www.grin.com/de/e-book/18498/rupert-murdoch-leben-motive-und-hand-
lungsweisen

GRIN - Your knowledge has value

Der GRIN Verlag publiziert seit 1998 wissenschaftliche Arbeiten von Studenten, Hochschullehrern und anderen Akademikern als eBook und gedrucktes Buch. Die Verlagswebsite www.grin.com ist die ideale Plattform zur Veröffentlichung von Hausarbeiten, Abschlussarbeiten, wissenschaftlichen Aufsätzen, Dissertationen und Fachbüchern.

Besuchen Sie uns im Internet:

http://www.grin.com/

http://www.facebook.com/grincom

http://www.twitter.com/grin_com

Seminar Unternehmensführung

WS 2001/2002

Schriftliche Ausarbeitung

über

Keith Rupert Murdoch

Von

Alexander Hörr

Inhaltsverzeichnis

1.   Einleitung .... Seite 3

2.   Die frühen Jahre .... Seite 5
2.1.   Elternhaus .... Seite 5
2.2.   Geelong Grammar School .... Seite 6
2.3.   Studium in Oxford .... Seite 7
2.4.   Tod von Sir Keith Murdoch .... Seite 8

3.   Der Weg an die Spitze .... Seite 9
3.1.   Die Expansion .... Seite 9
3.2.   Die Schlacht von Wapping .... Seite 12

4.   Die große Krise .... Seite 14

5.   Rupert Murdoch heute .... Seite 15

6.   Charaktereigenschaften .... Seite 16

7.   Führungseigenschaften .... Seite 17

8.   Literaturverzeichnis .... Seite 19

1. Einleitung

Viele besonders erfolgreiche Manager werden zu Volkshelden. Sie schreiben Bücher und setzen sich auch manchmal für wohltätige Zwecke ein. Sie sind zugänglich – nicht direkt gewöhnlich, doch einigermaßen normal. Einige wenige werden sogar für ihre herausragenden Leistungen verehrt.

Andere jedoch haben die Grenzen des Zulässigen überschritten und gelten nicht mehr als akzeptable Zeitgenossen. Doch so viel Zweifel, Mißtrauen und offene Abneigungen diesen Charakteren auch entgegenschlagen mögen: ihre Erfolge sprechen für sich.

Rupert Murdoch gehört zweifellos der zuletzt genannten Gruppe an. Sein Vorgehen wird vielerorts mit großem Mißtrauen verfolgt, und manch einer empfindet bei der Nennung seines Namens sogar Angst oder Abscheu. Andere preisen sein geschäftliches Durchsetzungsvermögen und den Erfolg seines globalen Medienimperiums.

Rupert Murdoch, ein „global player", vielleicht wichtiger als all die anderen.
Rupert Murdoch, ein Medienmogul, Pressezar oder Tycoon oder wie auch immer die alten Namen für mächtige Herrscher lauten.

Er zählt zu jenen Männern, über die sich fast jeder eine Meinung gebildet hat, er ist einer der bekanntesten Unternehmer der Welt, wenn nicht sogar der Bekannteste.
Viele Bezeichnungen begleiten den Namen Murdoch: „Dämon", „Schmutzgräber", „schleimiger Charakter" oder „Gefahr für die Demokratie".
Der Kolumnist Mike Royko beschrieb ihn in bunter Sprache als „einen gierigen, Geld scheffelnden, machthungrigen, vom Status besessenen, miesen Kerl"[1] während die britische Zeitung *Independent on Sunday* gar schrieb: „Im letzten Jahrhundert wäre er einer der amerikanischen Gangsterbosse gewesen."[2]

---

[1] Crainer, Stuart: „Die Rupert Murdoch Methode", S. 16
[2] ebda., S. 17

Für einen Medienzaren hat Rupert Murdoch eine auffallend schlechte Presse. (Wenigstens ein paar Worte zu seiner Verteidigung fand der Bürgermeister von Los Angeles, Richard Riordan, der ihn als „einen sehr wertvollen Menschen"[1] bezeichnete).

Diese Dokumentation will nun versuchen, den Aufstieg Rupert Murdochs und seines Unternehmenskonglomerates NewsCorp transparent zu machen. Es geht darum, sein Leben darzustellen um seine Motive und Handlungsweisen zu verstehen. Vielleicht kann man dann sogar ahnen, was er in der Zukunft tun wird.

---

[1] Crainer, Stuart: „Die Rupert Murdoch Methode", S. 17

2. Die frühen Jahre

2.1 Elternhaus

Keith Rupert Murdoch wurde am 11. März 1931 auf der Cruden Farm in Langwarrin, eine halbe Stunde von Melbourne entfernt, geboren. Er hatte keine Geschwister und wuchs somit als Einzelkind auf.

Seine Mutter Elisabeth (geb. Greene) wurde 1909 in Melbourne geboren. 1963 wurde sie von der englischen Königin für ihre karitative Arbeit geadelt. Man sagt ihr nach, daß Rupert von ihr seine psychische Stärke und seinen unbeugsamen Willen erhalten hatte.

Seinem Vater Keith Murdoch, geb. 1886 und Sohn strenger calvinistisch-presbyterianischer schottischer Einwanderer, schien keine besondere Zukunft versprochen. Er war schüchtern und wurde von einem schrecklichen Stottern gequält. Aber er verfügte über ein besonderes Talent, vielleicht in Kompensation für seine Behinderung in der mündlichen Rede: er konnte schreiben. Mit siebzehn begann er eine vielversprechende Karriere als Reporter beim Melbourner *Age*. Er konnte sogar so gut schreiben, daß er 1921 letztendlich Chefredakteur des vor sich hindümpelnden Melbourner *Herald* wurde. In den nächsten Jahren gelang es ihm, den *Herald* in Australiens bestgehendste und einflußreichste Zeitung zu verwandeln. Er war 35 und auf dem besten Wege, aus dieser Position seine eigene australische Zeitungsgruppe News Limited zu gründen. Keith Murdoch war letztendlich für Australien das, was sein Sohn heute vielleicht für die globalisierte Welt geworden ist: ein ungemein mächtiger Medienzar.

Einer der Schlüssel für Rupert Murdochs erstaunlichen Erfolg könnte sein fast schon krankhafter Ehrgeiz sein, die bemerkenswerten journalistischen und finanziellen Erfolge seines Vaters zu erreichen und in den Schatten stellen zu wollen. Hat sein Vater nicht tatsächlich öffentlich (und nicht „nur" privat) Zweifel an Ruperts Fähigkeiten geäußert?! Gesehen haben soll Rupert in seiner Jugend nur wenig von seinem Vater. Er war ein rastloser Journalist, der praktisch nie zuhause war. Und war er dies einmal, so konnte sich Rupert Murdoch an einen herrischen und einschüchternden Mann erinnern, der nie zufriedengestellt werden konnte und der auch nie verhehlte, wie wenig er von den Fähigkeiten seines Sohnes hielt. Rupert Murdoch hatte, wie schon erwähnt, keine Geschwister und wuchs daher als Einzelkind auf, was die hohen Erwartungen an ihn natürlich nicht gerade schmälerte.

2.2 Geelong Grammar School

Im Alter von 10 Jahren wurde der junge Rupert von seinem Vater auf das prestigeträchtige Internat „Geelong Grammar School" befohlen.

Hier waren strenge und drillartige Erziehungsmethoden ebenso an der Tagesordnung wie grausame Unterwerfungsrituale. Kann man da erwarten, daß diese bei einem Kind und späteren Jugendlichen die besten Seiten zur Geltung bringen würden?

Schenkt man den Erinnerungen seiner Mitschüler Glauben, so war Rupert alles andere als beliebt, was aber auch an seinem Vater lag: Der hatte seine Machtstellung innerhalb der publizistischen Öffentlichkeit Australiens während der Jahre des 2. Weltkrieges weidlich ausgenutzt, um eine Art privaten Feldzug gegen den Kommunismus zu führen. Ruperts Mitschüler, in diesen Jahren allesamt junge links-liberale Idealisten, erinnern sich nur an seine Unreife und sein eher unangenehmes Auftreten und daran, daß sie ihn für seinen unter ihnen verhaßten Vater noch extra leiden ließen. Was blieb Rupert da anderes übrig, als in jeder Hinsicht zu seinem Vater in Opposition zu gehen und deshalb einer der führenden Linksradikalen seiner Schulen zu werden? Der junge Rupert lernte also schon von Anfang an, daß es von großen Vorteil sein kann, sein „Fähnchen in den Wind zu hängen".

Seine Mitschüler beschrieben ihn weiterhin als einen jungen Mann voller Unsicherheit, in panischer Angst vor dem übermächtigen Vater, immer in Furcht, seinen enormen Ansprüchen nicht gerecht werden zu können. Selbst von kleinen Schwindeleien ist die Rede, erschwindelten Leistungen Ruperts, nur um ein wenig Anerkennung vom Vater zu ergattern. Natürlich erfolglos. Sir Keith Murdoch konnte nicht zufriedengestellt werden. Manche seiner Mitschüler von damals sehen den heutigen Rupert Murdoch als eine Schöpfung dieser schwierigen Vater-Sohn-Beziehung. Ruperts einzige Triebfeder zu dieser Zeit war wohl einzig und allein das Anerkennungsbedürfnis, denn er war bis hier ein Mensch ohne echte Überzeugungen.

2.3 Studium in Oxford

1949 wird Rupert Murdoch Student der Politik und Nationalökonomie in Oxford. Er hätte zwar viel lieber für die Zeitungen seines Vaters gearbeitet, um nach seinen Worten die Welt zu verändern, doch dieser befahl in förmlich zum Studium. Die Welt hat Rupert Murdoch dann später noch verändert, oder jedenfalls kräftig an ihrer Veränderung im Zeitalter globaler Medienverbünde mitgearbeitet.

In Oxford schien sich für Rupert Murdoch zu wiederholen, was bereits auf seinem Internat galt: Er war wieder ein Außenseiter, und er tat alles, um Aufmerksamkeit zu bekommen und akzeptiert zu werden. Sein Vater war zwar ein bekannter und einflußreicher Mann in Australien, doch was war schon der Sohn eines australischen Zeitungstypen im snobistischen Oxford? Rupert Murdoch griff nach den Erzählungen seiner ehemaligen Kommilitonen erneut zu seiner schon im Internat Geelong praktizierten Masche: Er machte sich interessant mit der Rolle des radikalen Rebellen. Doch er tat dies unglaubwürdiger denn je und war schon bald als Salon-Linker und Party-Radikaler verschrieen.

Kein Wunder, daß Sir Keith Murdoch den Eindruck gewinnen mußte, daß die Verbannung seines Sohnes nach Oxford bei Rupert keinerlei Früchte zeigte. Seine akademischen Leistungen nach zwei Jahren waren niederschmetternd, und seine Persönlichkeitsentwicklung zeigte keinerlei nennenswerten Zuwachs an Reife.

Bei einem Besuch 1951 waren seine Eltern schon fast entschlossen, ihren Sohn kurzerhand wieder nach Australien mitzunehmen. Es blieb wohl einer Standpauke der Mutter zu verdanken, daß er in Oxford blieb. Sein Vater „strafte" ihn mit einem Sommerpraktikum bei der Birminghamer *Gazette*. Dies und ein Sondertutorium bei einem jungen aufstrebenden Professor namens Asa Briggs, das sein Vater ihm „vermittelte", leiteten endlich einen Reifezuwachs bei Rupert Murdoch ein. Endlich schienen sich die Investitionen seines Vaters zu lohnen.

2.4 Tod von Sir Keith Murdoch

Im Oktober 1952 stirbt Ruperts Vater Keith Murdoch im Alter von 66 Jahren an einer Herzattacke.

Widerstrebend war Rupert nach dem Begräbnis seines Vaters nach Oxford zurückgekehrt, denn er wollte seinen Vater natürlich so rasch wie möglich mit der Leitung der familieneigenen Zeitungsgruppe News Limited beerben. Doch seine Mutter blieb hart, erst solle er in Oxford seinen Abschluß machen. Rupert fügte sich. Mit der erneuten tatkräftigen Hilfe von Professor Asa Briggs schaffte er im folgenden Jahr ein drittklassiges Examen. Doch was soll's, dachte sich Rupert, er hatte dem Wunsch seiner Eltern ja schließlich Genüge getan. Jetzt konnte es losgehen, und tatendurstig ging der junge Rupert Murdoch zum Angriff über. Jetzt würde er allen zeigen können, daß in ihm mehr steckte, als sein Vater allen glauben gemacht hatte.

Doch seine Mutter schickte ihn noch einmal fort, und zwar zu Londons größter Zeitung, dem legendären *Daily Express*, zu dem sie gute Beziehungen unterhielt. Hier konnte Rupert noch einmal sehr viel lernen und bedauerte es schließlich sehr, London goodbye sagen zu müssen, als ihn 1954 der Ruf aus Melbourne von seiner Mutter ereilte, er könne nun endlich beginnen.

Er trat nun das Erbe der familieneigenen Zeitungsgruppe News Limited an, war hier zunächst Herausgeber der *News* und der *Sunday Mail* und außerdem der Vizepräsident von News Limited. Rupert mußte sich also nicht in der Hierarchie emporarbeiten, und das war das erste Geheimnis seines Erfolgs: frühe Verantwortung und die Chance, Fehler zu machen und daraus zu lernen. Und mit der Unverfrorenheit des Newcomers brach er gleich mit einer heiligen Kuh des australischen Journalismus, die Konkurrenz nicht im eigenen Blatt zu attackieren. Murdoch hingegen bestritt seine Arbeit mit einer vorher nicht dagewesenen Aggressivität.

3.   Der Weg an die Spitze

3.1.   Die Expansion

Murdochs sagte, daß Expandieren das natürliche Gesetz jedes Unternehmen sein muß. Man müsse wachsen um zu wachsen.[1] Dazu begann er Zeitungen aufzukaufen, die gerade auf dem Markt zum Verkauf angeboten wurden oder sich in finanzieller Not befanden. Zu ersteren gehörte die *Sunday Times*, eine Wochenzeitung im fernen Perth, während der *Mirror* aus Melbourne zu der verlustreichen Sorte gezählt werden mußte. Jedenfalls bis Murdoch kam. Die Kredite, die zur Finanzierung der Käufe notwendig wurden, sollten sich durch die Einnahmen aus den neu erworbenen Zeitungen quasi von selbst zurückzahlen. Es klang wie eine Lizenz zum Gelddrucken, doch Murdoch hatte den Erfolg dieser Geschäftsmethode noch nie in der Praxis bewiesen Der Erfolg aber ließ nicht lange auf sich warten, denn Murdoch hatte ein ganz einfaches Erfolgskonzept parat: Der größte Teil der alten Belegschaft wurde gefeuert und durch eine schlagkräftige Truppe junger „Murdochianer" ersetzt. Das Zeitungskonzept selbst wurde auf ein reißerisches und „unterhaltsames" Format umgestellt. Nie war die aktuelle Ausgabe knallig genug, immer fehlten Murdoch noch mehr Klatschspalten und haarsträubende Überschriften. Seine herausragendste Fähigkeit hierbei war, herauszufinden, wo exakt die Grenze liegt, wo noch mehr schlechter Geschmack bereits wieder mehr Leser hinzugewinnt als abschreckt, d.h. Murdoch hat hier mit einer Art Geschmackselastizität gearbeitet. Er wußte, daß sich genau an dieser Grenze die Linie befindet, an der er sich das meiste Geld verdienen läßt. Das Konzept funktionierte blendend, und die Banken überschlugen sich mit neuen Kreditangeboten. Endlich konnte Murdoch sagen, daß dies voll und ganz sein alleiniger Erfolg war.

1957 war es soweit, daß ihm der finanzielle Erfolg seiner Zeitungen neue Expansionsmöglichkeiten eröffnete. Da Murdoch schon früh bewußt war, daß das Fernsehen das Massenmedium der Zukunft sein würde, bemühte er sich jetzt schon um eine Sendelizenz für Adelaide. Da die Lizenzen aber normalerweise nur an etablierte und privilegierte Bewerber vergeben wurden, nutzte Murdoch ganz ungeniert seine Zeitungen, um Stimmung für seine Bewerbung zu machen. Dies trug Früchte, und somit bekam er die begehrte Lizenz für Adelaide.

---

[1] Wagner, Gerald: „Die Globalisierung des deutschen Fernsehmarktes", S. 25

Anfang der 60er Jahre startete Murdoch den *Australian*, seine erste überregionale, seriöse Tageszeitung. Australien hatte bis dato keine solche überregionale Zeitung. Murdoch wich hier also von seinem bereits als erfolgreich bekannten Erfolgssystem ab. Er wußte auch, daß man mit einer seriös und anspruchsvoll wirkenden Zeitung wahrscheinlich nicht richtig Geld verdienen konnte. Und es war sogar noch schlimmer, denn der *Australian* war von Anfang an ein endloses Verlustgeschäft. Immerhin erscheint er noch heute, was bei Murdochs sonstiger Gnadenlosigkeit mit unprofitablen Unternehmungen erstaunlich ist. Doch der *Australian* wurde eine sehr einflußreiche Zeitung, was den ökonomischen Mißerfolg aufwog, denn mit einer einflußreichen Zeitung konnte er seine Interessen gezielt vertreten.

Ende der 60er Jahre traute sich Rupert Murdoch, dorthin zurückzukehren, wo er seine ersten journalistischen Erfahrungen gemacht hatte: zur Londoner Fleet Street. Hier kaufte er die Zeitungen *News of the World* und *The Sun* und tat damit des ersten großen Schritt zur Globalisierung seiner Medienfirma. Und auch hier funktionierte die alte Murdoch-Strategie ein weiteres Mal: Er überbot einfach bei weitem den reißerischen Boulevardstil der anderen Blätter. Bei Murdoch geht es nämlich nicht um guten Journalismus, sondern um das Verkaufen von Zeitungen. Er betrachtet den Journalismus als Zweig der Unterhaltungsbranche. Sein Credo ist, daß man Zeitungen machen kann, ohne Journalismus zu betreiben. Wer eine Zeitung aus dem Reiche Murdochs kauft, bekommt also etwas für sein Geld. Was genau, liegt dabei im Ermessen der Redaktion, und die lebt dabei von der Gnade des Sonnen-Königs Rupert Murdoch. Wer von Anfang an oder auf einmal nicht mehr mitzog oder sich zu sehr dem journalistischen Ethos verpflichtet fühlte, wurde gefeuert, selbst wenn es sich dabei um einen Freund oder vielleicht sogar einen ehemaligen Mentor Murdochs handelte. Er sah hier nur das Geschäft, das keine Freundschaften kennt. Murdoch stand fast täglich in der Redaktion, sich wie besessen um jedes noch so kleine Detail des Produktionsprozesses kümmernd. Reporterberichte wurden grundsätzlich umgeschrieben, aufgebauscht, verdreht oder auch schlichtweg erfunden. Manche sehen in der *Sun* sogar die Quintessenz aller Charaktermängel Murdochs, der eindeutig einer der Mitbegründer Englands legendärer Yellow-Press ist.

1974 stand der nächste große Schritt zur Globalisierung an: Der Sprung über den großen Teich nach Amerika. Und auch hier zeigte Murdochs berüchtigtes Konzept wieder seine Wirkung, nur daß die Stadt diesmal New York und die Zeitung *New York Post* hieß. Die bewährte Strategie zeigte ihre Wirkung. Man schaute zunächst, welche Zeitung der

Hauptkonkurrent war. Dann kopierte man diesen, worin er am besten war und beobachtete, wie weit der Konkurrent mitging in die Tiefen des murdochschen Journalismus, bestehend aus knalligen Schlagzeilen, Sex'n Crime Geschichten, Klatsch und Tratsch, viel Sport und besser einer erfundenen als gar keiner Geschichte. „Die Leute wollen so etwas ja schließlich", war Murdochs Rechtfertigung für diese Art von Journalismus. Murdoch -ein treuer Verfechter des Grundsatzes „Lieber ein schlechter Ruf als gar keiner"- wollte immer nur eines: Zeitungen verkaufen. Wie das gelang, war immer zweitrangig. Das Grundprinzip der Berichterstattung von Murdochs Blättern, das Aufbauschen und Verzerren von an sich banalen „Fakten" funktionierte auch hier. Man kann diese Art von Journalismus nicht als Lüge oder schlichte Fiktion bezeichnen. Ein Fünkchen Wahrheit, eine realer Anlaß oder ein tatsächliches Ereignis dienen als Aufmacher, der dann mit den Mitteln der Übertreibung, der Selektivität und der sprachlichen Manipulation zur ungeheuren Sensation aufgeblasen wird. Entscheidend ist hier weniger die Frage: „Glauben die Leser das Zeug?", als vielmehr „Unterhalten sie sich gut damit"?

Als Rupert Murdoch 1983 zum Kauf der *Sun-Times* ansetzte, brach helle Panik unter den Mitarbeitern aus: Murdoch ante portas, denn was die „Murdochianisierung" einer Zeitung bedeutete, war hinlänglich klar. Die Chefredaktion konnte praktisch schon damit beginnen, ihre Schreibtische aufzuräumen, ebenso wie die Hälfte des anderen Personals später. Murdochs Beteuerungen nichts ändern zu wollen, löste nur höhnisches Gelächter aus. Sie behielten Recht.

1985 tat Rupert Murdoch einen ganz entscheidenden Schritt. Er nahm die amerikanische Staatsbürgerschaft an und kaufte die 20th Century Fox Studios. Die amerikanische Staatsbürgerschaft wählte er nicht aus Wohlgefallen, sondern weil er es mußte, um Erwerber der Fox Studios zu werden, denn kein Ausländer darf Besitzer von solchen Studios oder TV-Sendern sein. Er feierte riesige Erfolge mit seinem Neuerwerb. Unter anderem brachten die Fox Studios die Erfolgsserien „Die Simpsons" und die Bundys von „Eine schrecklich nette Familie" hervor. Auch die Straßenfeger „Kevin allein zu Haus", „Independence Day" und „Titanic" stammten von dort und spülten Murdoch unzählige Millionen Dollar in die Kassen. Die TV-Produktionen waren wiederum von der üblichen Dosis des Murdoch-Journalismus behaftet: Alles war übertrieben, drastisch, grell und geschmacklos. Produziert wurden Talkshows und Reality Crimeshows wie „America's Most Wanted" (Eine Art Hardcore-Version von Ede Zimmermanns „Aktenzeichen XY") und „Cops" (Live-Berichterstattung von Polizeieinsätzen direkt vom Tatort). Es war eben die Boulevardversion des normalen US-Fernsehens. Der Dollar rollte, und die Expansion in den amerikanischen TV-Markt machte richtig Spaß. Als plötzlich Ärger aus England drohte, warf sich Murdoch ins nächste Gefecht, in die „Schlacht von Wapping", der man nachsagt daß sie der härteste Kampf seines Lebens gewesen sei (siehe 3.2.).

Im Zuge seiner Expansion stieg Murdoch Anfang der 80er Jahre ins Satellitenfernsehen ein, schaffte aber nach einem verkorksten Start erst 1990 mit dem britischen Satelliten-Pay-TV BskyB den Durchbruch, der sich bis 1998 zu einem sagenhaften Erfolg mit über 7 Millionen Abonnenten entwickelte. Insbesondere die Rechte an der ersten englischen Fußball-Liga Premiere League erwiesen sich wie eine Lizenz zum Gelddrucken. Was die Sun in den 70ern und 80ern war -Murdochs Geldautomat in England ist heute das Satelliten-TV.

3.2. Die Schlacht von Wapping

Während Murdoch in Amerika die technischen Grundlagen seines zukünftigen globalen Netzes von Satellitenfernsehen zusammenbaute, um damit sein Medienimperium in das 21. Jahrhundert zu führen, hatte er in England mit den –wie er es sah- Relikten des 19. Jahrhunderts aufzuräumen. Der Fall „Wapping" zeigt, daß Rupert Murdoch für seine unternehmerischen Interessen auch bereit ist, in den Krieg zu ziehen.

Das Drama entstand aus Geldnot. Zwar waren Murdochs englische Zeitungen immer noch seine verläßlichsten Geldquellen, doch Anfang 1985 reichte Murdoch auch das nicht mehr. Die Zukäufe in den USA hatten die Schuldenlast von seiner Medienunternehmung News Corp empfindlich steigen lassen. Als suchte Murdoch nach Möglichkeiten, Geld zu sparen. Er war schon immer überzeugt gewesen, daß mit modernen Produktionsmethoden mit seinen englischen Zeitungen noch viel mehr Geld zu machen wäre. Es traf zu, daß die Art und Weise, wie in der Fleet Street Zeitungen gedruckt wurden, ganz eindeutig veraltet war. Noch immer hatten die Redaktionen keinen direkten Zugang zum Layout, nach wie vor wurde die Zeitung von den Setzern gemacht. Mit modernem computerbasiertem Layout ließen sich Zeitungen mittlerweile auch schon ganz ohne diese Setzer herstellen. Auf jeden Fall ließen sich die Gewinne aus Murdochs Blättern nur noch auf diesem Wege steigern, da Auflagen und Werbeeinnahmen ausgereizt waren.

Doch da waren die nach wie vor mächtigen Druckergewerkschaften, die jeden einzelnen Arbeitsplatz ihrer Mitglieder mit Zähnen und Klauen verteidigten. Als Murdoch im Frühjahr 1985 dennoch versuchte, die Auflage der Times zu erhöhen, verlangten die Gewerkschaften erst einmal 70 neue Arbeitsplätze dafür. Da konnte er es genausogut gleich bleiben lassen. Murdoch muß irgendwann in diesen Wochen der Geduldsfaden gerissen sein. Schon immer hatte er über die seiner Meinung nach astronomischen Löhne bei gleichzeitig äußerst niedriger Produktivität dieser Arbeitsplätze gejammert. Diesmal entschloß er sich zu einem brutalen Gegenangriff. Dazu paßte es ihm ganz gut, daß er seit bereits 1982 im Londoner Ortsteil Wapping eine neue Druckerei hatte bauen lassen. Was für die ahnungslose Öffentlichkeit wie ein simpler Erweiterungsbau aussah, sollte jedoch zum Ausgangspunkt einer Revolution des britischen Zeitungsmarktes werden. Die unerhörte Idee, die hier von Murdoch in die Praxis umgesetzt werden sollte, war schlicht die, daß man in England Zeitungen machen könne auch ohne die allmächtigen Drucker und ihre Gewerkschaften.

Während Murdoch in den normalen Tarifverhandlungen den Gewerkschaften business as usual vorgaukelte, ließ er seit Februar 1985 unter strengster Geheimhaltung in Wapping ein modernes Computersystem für alle seiner Londoner Zeitungen installieren. Mit Methoden, die jedem Geheimdienst zuviel gewesen wären, arbeiteten Murdochs Leute das ganze Jahr über an dem geheimen neuen Druckzentrum. Drucker durften sowieso nicht beteiligt werden, also ließ Murdoch aus dem fernen Southhampton Mitglieder der Elektriker-Gewerkschaften einstellen. Und um sich eine Weile selbst versorgen zu können, wurde die alten Öltanks der Fabrik mit Druckerschwärze für 3 Monate gefüllt.

Gegen Ende des Jahres bekamen die Gewerkschaften zwar langsam mit, daß Murdoch an einer gütlichen Einigung der Tarifverhandlungen diesmal wohl nicht interessiert war, doch einen Streik zu wagen, vor allem im Hinblick auf seine durch Zukäufe in den USA angespannte Finanzlage, trauten sie ihm nicht zu. Sie hatten ja keine Ahnung, daß es für sie demnächst nichts mehr zu bestreiken gäbe. Zum Jahreswechsel 1985/86 kam Murdoch nach London und hatte sich vorgenommen, die Sache in vier Wochen durchzukämpfen. Die Taktik stand schon lange fest: Die Gesetzeslage erlaubte es nicht, einzelne Arbeiter wegen Teilnahme an einem Streik zu entlassen. Das ginge nur, wenn der Arbeitgeber alle Streikenden entließe und auch keinen mehr nach dem Streik wieder einstellte. Die Gewerkschaften wußten das, doch sie konnten sich nicht vorstellen, daß Murdoch genau das wollte. Er wollte sie alle auf einen Schlag ein für alle mal loswerden. Denn mit Wapping war er nun in der Lage, seine Zeitungen ohne Drucker herzustellen.

Diese Möglichkeit überschritt die Phantasie der Gewerkschaftsführer vermutlich bei weitem. Nur –wie würden sich Murdochs Journalisten verhalten? Würden sie aus Solidarität streiken? Oder zu ihrem obersten Vorgesetzten halten? Zu Murdoch, dem „alten Journalistenfresser", der mehr als einmal bewiesen hatte, daß er seine Redakteure für beliebig auswechselbar hielt? Hatte er nicht wieder und wieder vorgemacht, daß für ihn nur eines zählte: Die Auflage, und keinesfalls irgendwelche journalistischen Grundsätze von Anständigkeit und Wahrheitsverpflichtung? Als die Drucker am 24. Januar in Streik traten, schlug also für die Journalisten bei Murdochs Blättern die Stunde der Wahrheit. Ihre eigene Gewerkschaft hatte eigentlich die Marschrichtung vorgegeben: Keiner geht nach Wapping, bevor die Drucker nicht zu einer Einigung mit Murdoch gekommen waren. Dieser reagierte darauf äußerst kühl: Wer mitkäme, könne mit einer schönen Belohnung rechnen, wer nicht, mit seiner Entlassung. So einfach war das.

Es kostete Murdoch dann doch mehr als nur vier Wochen. Als er im Januar 1987 schließlich 60 Millionen Pfund an die Drucker zahlte, ging ein bitteres Jahr in Wapping zu Ende. Finanziell und unternehmerisch war es ein grandioser Sieg, doch menschlich war es ebenso eine große Tragödie: Tausende Arbeiter waren auf einen Schlag arbeitslos, und Murdoch hatte einen wesentlich effizienteren Betrieb. Er sah das Ganze wieder mal als eine ganz normale geschäftliche Investition an. Er konnte sich jetzt über das viele neue Geld freuen, das nun seinen weltweiten Expansionsplänen zugute kommen würde. Diese Ereignisse prägten das Bild Murdochs in der Öffentlichkeit über Jahre hinweg als entschlossen und unbarmherzig. Das Gelände in Wapping verwandelte sich für ein Jahr in ein von den 5000 verzweifelten Druckern belagertes Hochsicherheitsgefängnis. Daß er während diesen Jahres für viele zum Schurken schlechthin wurde, ließ Murdoch wie üblich völlig kalt. So etwas hatte er schon oft durchgestanden.

4. Die große Krise

1990 wurden plötzlich Kredite im Gesamtwert von 2,3 Milliarden Dollar fällig. Da stellte sich heraus, daß sich Murdoch verkalkuliert hatte. Ein Unternehmen wie News Corp kann sich natürlich Unsummen von Krediten leisten. Schulden von mehreren Milliarden müssen kein Problem darstellen, wenn die Gewinne mithalten und der Gesamtwert der Firma über den

Schulden liegt. Doch hier ging es um die Rückzahlung kurzfristiger Kredite, und zudem funktioniert die Strategie der kreditfinanzierten Expansion nur bei relativ niedrigen Zinsen, da sonst die neuen Gewinne von den Zinsen gleich wieder aufgefressen werden und so nichts mehr für die Tilgung übrig bleibt. Murdoch zog aber die Finanzierung durch Kredite vor, weil er nichts so sehr verabscheute, wie die Mehrheit an seiner Firma zu verlieren. Doch jetzt hatte er bei ständig steigenden Zinsen Liquiditätsprobleme, und als sich diese herumsprachen, sanken die Kurse von News Corp Anteilen weltweit.

Murdoch hatte sich also eindeutig verkalkuliert und war plötzlich in der Hand der Banken, denn jede kleine Bank, die ihm einmal einen kleinen Kredit über ein paar Millionen gegeben hatte, konnte ihm nun die Pistole auf die Brust setzen mit den Worten „Verkauf deine Firma". Zu dieser Zeit lernte Murdoch wieder etwas Bescheidenheit. Rettung versprach nur die Citibank, News Corps größte Hausbank, die ein Sanierungskonzept aufstellte und mit ihm höchstpersönlich auf „Bettelgänge" zu den Gläubigern ging. Hier rettete ihn der Ruf, ein genialer Geschäftsmann zu sein, bei dem quasi alles zu Gold wird, das er anfaßt. Dies und der große Erfolg von BskyB und ein letztlich doch noch notwendiger Verkauf von News Corp Anteilen auf unter 40% retteten seine Firma.

5. Rupert Murdoch heute

Rupert Murdoch entfernt sich mit seinen zunehmend globalen Geschäften immer mehr von seinen Wurzeln in der Zeitungsbranche. Einige Beispiele dafür:

*   Seit 1993 streckt Murdoch seine Finger in den Zukunftsmarkt Asien aus und kauft TV-Sender ein
*   Im März 1998 Kauf des Baseball-Teams Los Angeles Dodgers für 300 Millionen Dollar (die bis dahin höchste Verkaufssumme waren 173 Millionen für die Baltimore Orioles)
*   Im April 1998 Kauf der Verleihrechte der neuen *Star Wars* Episoden I-III, was sich wahrscheinlich wieder als sehr profitabel herausstellen wird
*   2001 ist Murdoch Inhaber eines 22%-Anteils an Leo Kirchs Premiere World

Heute ist News Corp ein riesiges Unternehmenskonglomerat, dem mehr als 780 Unternehmen in 52 Ländern angehören (s. Anlage). 1998 hatte News Corp ein Gesamtvermögen von 33,2 Milliarden Dollar bei Jahreseinnahmen von 13 Milliarden Dollar. Die Schulden betrugen noch 6,5 Milliarden Dollar. Murdochs Privatvermögen wird auf 3 bis 10 Milliarden Dollar geschätzt. Auch wenn die Familie Murdoch nur noch 36,2% des Unternehmens besitzt, handelt es sich doch in jeder Hinsicht um Rupert Murdochs Unternehmen. Es wird interessant sein zu beobachten, in welcher Art Tochter Elisabeth und Sohn Lachlan die Firma leiten werden, sollte es Rupert Murdoch einmal nicht mehr geben. Er selbst sagte einmal über seine Firma: „Kein anderes Unternehmen in der Welt besitzt eine ähnliche Fähigkeit, dem eigenen Produkt über dermaßen verschiedenste Vertriebskanäle zu solch maximaler Verbreitung zu verhelfen."[1]

Er kann also mit seinen einen Produkten Werbung für die anderen machen und umgekehrt. Er fördert seine Produkte, indem er deren Macht rücksichtslos für seine Zwecke einsetzt. Und hier liegt wohl einer der entscheidensten Erfolgsfaktoren für Murdochs Aufstieg.

6.   Charaktereigenschaften

Über „private Eigenschaften" Murdochs läßt sich wenig sagen, da über den Privatmann Murdoch so gut wie nichts bekannt ist.

Rupert Murdoch ist ein Egoist durch und durch, der nur sich und das Geschäft kennt. Nicht umsonst sind seine beiden Ehen gescheitert, die letzte erst vor kurzem nach sage und schreibe 31 Ehejahren. Er ist sehr ungeduldig und immer voller Unrast. Nie ist er mit dem Status Quo zufrieden. Er weiß, daß der gegenwärtige Erfolg der größte Feind des künftigen ist. Um an der Spitze zu bleiben, dürfe man nie zu dem Schluß gelangen, gewonnen zu haben. Doch seine Ungeduld wurde ihm auch fast einmal zum Verhängnis, als er sich 1990 mit den Krediten übernommen hatte, um möglichst schnell und viel expandieren zu können. Rupert Murdoch wollte immer der Beste sein und ist dementsprechend stolz auf seine Erfolge und verhehlt dies auch nie, was auch auf ein Art von Geltungsbedürfnis hinweist.

---

[1] http://www.handelsblatt.com (Artikel leider nicht mehr vorhanden)

Auf das Geschäft bezogen kann man sagen, daß Rupert Murdoch ein wenig paranoid ist: Nie traute er jemandem oder betrachtete jemanden als seinen Freund. Er nannte das Leben sogar einmal eine „Kette miteinander verknüpfter Kriege."[1] Er stellte sich jeder Herausforderung, war furchtlos und machte niemals einen Rückzieher, denn das würde Schwäche nach außen signalisieren. Hinzu kommt noch ein Schuß Starrköpfigkeit. Don Ohlmeyer v. NBC meinte dazu: „Die Leute haben Angst vor ihm, und das verschafft ihm in diesem Geschäft eine gute Position."[2]

7. Führungseigenschaften

Hier läßt sich ein wenig mehr über Murdoch sagen. Rupert Murdoch ist ein Werbegenie, das das Marketing im Blut hat. Er besitzt eine riesige Marketingmacht und setzt diese auch nach Belieben ein. Wie ein Chamäleon wechselt er je nach Interessenslage seine Meinung, sei sie politischer, persönlicher oder geschäftlicher Natur, z. B. hat er 1977 im Bürgerschaftswahlkampf in New York den jüdischen Kandidaten Ed Koch anstelle des italienischen Mario Cuomo unterstützt. Begründet hatte er diese Wahl mit den Worten: „Es ist ganz einfach. In New York gibt es 2½ Millionen Juden und nur eine Million Italiener."[3] Murdoch macht sich zum Anwalt einer Sache, ohne sich jedoch fest an sie zu binden, jederzeit bereit auf einen anderen Zug zu springen. Er nutzt dabei sein Netzwerk aus Beziehungen und Kontakten perfekt aus. Sein Motto lautet: „Verschaffe dir Zutritt zu den Korridoren der Macht, werde jedoch kein Politiker."[4]

Murdoch ist ein Patriarch, ein Manager der alten Schule, der seine Untergebenen genauso strikt managt wie die anderen Vermögenswerte. Unbarmherzigkeit, Entschlossenheit und Durchsetzungsvermögen sind für ihn unverzichtbarer Bestandteil guter Führung. Seine Mitarbeiter fürchten ihn und das betrachtet er als gewichtigen Motivationsfaktor.

Murdoch ist unheimlich schnell und flexibel. Tut sich eine Möglichkeit auf dem Markt auf, steht er Gewehr bei Fuß. Sein Organisation ist dementsprechend ausgelegt, die Hierarchie

---

[1] Crainer, Stuart: „Die Rupert Murdoch Methode", S. 59
[2] ebda., S. 60
[3] ebda., S. 47
[4] ebda., S. 50

relativ schlank. Bei Murdoch laufen alle Fäden schnell zusammen und geben seine Befehle ebenso schnell wieder weiter.

Bei all seiner Entschlossenheit ist Murdoch aber auch ein Spieler, der die Herausforderung sucht und dem es wahrscheinlich Spaß macht, seine Konkurrenten regelmäßig auszustechen. Er geht häufig hohe Risiken ein und handelt dabei sehr oft intuitiv, seinem geschäftlichen Instinkt folgend. Natürlich läßt er sich auch regelmäßig die Unternehmenszahlen vorlegen, doch die Intuition ist ein wesentlicher Bestandteil seiner Entscheidungen und eine Basis seines Erfolges.

8. Quellenverzeichnis

Literatur:

Wagner, Gerald   Die Globalisierung des deutschen Fernsehmarktes
                         1. Aufl., Düsseldorf (Dirk Lehrach Verlag) 1999

Crainer, Stuart   Die Rupert Murdoch Methode
                         1. Aufl., Wien/Frankfurt (Ueberreuter) 2000

Internet:

1.   http://www.bbv-net.de/news/wirtschaft
2.   http://finanzen.t-online.de
3.   http://www.handelsblatt.com (Wirtschaft und Politik)
4.   http://www.newscorp.com